BEI GRIN MACHT SICH IHR
WISSEN BEZAHLT

- Wir veröffentlichen Ihre Hausarbeit,
  Bachelor- und Masterarbeit

- Ihr eigenes eBook und Buch -
  weltweit in allen wichtigen Shops

- Verdienen Sie an jedem Verkauf

Jetzt bei www.GRIN.com hochladen
und kostenlos publizieren

Bibliografische Information der Deutschen Nationalbibliothek:

Die Deutsche Bibliothek verzeichnet diese Publikation in der Deutschen National-
bibliografie; detaillierte bibliografische Daten sind im Internet über http://dnb.d-
nb.de/ abrufbar.

Impressum:

Copyright © 2006 GRIN Verlag, Open Publishing GmbH
Druck und Bindung: Books on Demand GmbH, Norderstedt Germany
ISBN: 978-3-668-13596-3

Dieses Buch bei GRIN:

http://www.grin.com/de/e-book/161994/mein-bauch-gehoert-mir-das-bundesverfas-
sungsgericht-und-der-abtreibungskompromiss

Sara Bottaccio

„Mein Bauch gehört mir"! Das Bundesverfassungsgericht und der Abtreibungskompromiss

GRIN Verlag

GRIN - Your knowledge has value

Der GRIN Verlag publiziert seit 1998 wissenschaftliche Arbeiten von Studenten, Hochschullehrern und anderen Akademikern als eBook und gedrucktes Buch. Die Verlagswebsite www.grin.com ist die ideale Plattform zur Veröffentlichung von Hausarbeiten, Abschlussarbeiten, wissenschaftlichen Aufsätzen, Dissertationen und Fachbüchern.

Besuchen Sie uns im Internet:

http://www.grin.com/

http://www.facebook.com/grincom

http://www.twitter.com/grin_com

Institut für Sozialwissenschaften

Abteilung Politikwissenschaften

Das Bundesverfassungsgericht:

Hüter der Verfassung oder politischer Akteur?

Abgabetermin: 13.04.07

Ausarbeitung des Referats:

„Mein Bauch gehört mir"

Das Bundesverfassungsgericht und der Abtreibungskompromiss

---

vorgelegt

von

Sara Bottaccio

Lehramt auf Realschule

neue PO

3. Semester

Inhaltsangabe:

1. Einleitung und methodisches Vorgehen:

Seit Menschengedenken bewegt das heikle Thema der Abtreibung die Gemüter der Menschen.

In allen Kulturkreisen führen Juristen, Theologen, Mediziner, Politiker, sowie der kleine Bürger hitzige Debatten und Diskussionen über den § 218 StGB. Dieser Abtreibungskompromiss legitimiert die Abtreibung unter Berücksichtigung und Einhaltung bestimmter Vorschriften, auf welche später genauer eingegangen werden soll.

Der § 218 StGB soll den Schutz des Lebens gewährleisten. Doch gibt es ein Recht auf Abtreibung? Juristisch gesehen ja, nämlich den § 218 StGB, aber eine Norm der Menschenrechte in diesem Zusammenhang gibt es nicht, denn es gibt kein explizites Recht einen Fötus zu töten. Es gibt aber ein Gebot, das Menschenleben zu schützen. Welches Leben jedoch geschützt werden muss, ob es das Leben der Mutter ist oder des Ungeboren führt zu regen Diskussionen. Kann man bei einem Ungeborenen schon von einem Leben sprechen oder ist es „nur" ein Chromosomenhaufen? Ist ein Embryo ein Mensch mit Rechten, vergleichbar mit einem geborenen Menschen? Solche und viele andere Fragen kommen in diesen Debatten zum Vorschein. Die moralisch-ethische Seite, wie zum Beispiel die Kirche, kämpft gegen die juristischen Rechte der Frau. Bestreiter des § 218 StGB befürchten eine unverantwortliche Handhabung in Bezug auf Schwangerschaft und Abtreibung. Befürworter sehen aber gerade in diesem Paragraphen, die Chance auf ein Leben der Mutter, dass den Umständen und Lebensbedingungen angepasst ist.

Sowohl bei den Menschenrechten, als auch im Leben muss man schwierige Entscheidungen treffen, und es gibt Situationen wie in diesem Fall, da kommen Werte zum Kollidieren. Das Thema „Mein Bauch gehört mir. Das Bundesverfassungsgericht und der Abtreibungskompromiss" ist eine solche Kollisionssituation, mit der ich mich in meiner Ausarbeitung näher beschäftigen werde: Das Augenmerk in dieser Arbeit liegt auf der politisch-juristischen Seite der Mutter sowie des Ungeborenen. Nach einem kurzen historischen Rückblick auf den § 218 StGB, wird der Abtreibungskompromiss dargestellt. Danach werden die Rechte der Frau, sowie die Rechte des Ungeborenen aufgezeigt. Ein kurzes Resümee zum Schluss, rundet dann diese Arbeit ab.

2. Kurzer historischer Rückblick auf die deutsche Gesetzgebung zur Abtreibung:

Im Mittelalter musste eine Frau, die ihr Kind im Mutterleib getötet hatte 4000 Denare zahlen.

In der Neuzeit, unter der Regierung Karl des V., tauchte der Begriff Abtreibung zum ersten Mal in der Gerichtsordnung auf; die Strafe hierfür war Folter und Tod. In der Folgezeit, waren unter anderem auch 16-20 Jahre Zuchthaus die folge für eine Abtreibung. Erst im Jahre 1870 wird das Preußische Strafgesetzbuch verabschiedet, welches die Abtreibung laut Gesetz verbietet. Ein Jahr später tritt die Urfassung des § 218 StGB in Kraft. Dieser Paragraph besagt, dass eine Schwangere „welche die Frucht abtreibt oder im Leib tötet" [1], eine Strafe von bis zu fünf Jahren Zuchthaus zu erwarten hat.

Bei mildernden Umständen wurde die Strafe zu Gefängnisstrafe herabgesetzt (vgl.[1]).

Camilla Jellinek, eine Frauenrechtlerin forderte in der ersten Hälfte des 20. Jahrhunderts die Abschaffung des § 218. Doch in der Generalversammlung des Bundes deutscher Frauen, kam es nicht zu einer Mehrheit, die diesen Vorschlag befürworteten. 1920 scheiterte der Antrag von Seiten der SPD, den Abbruch in den ersten drei Monaten straflos zu machen an den Mehrheitsverhältnissen im Reichstag. Erst sechs Jahre später wird der Schwangerschaftsabbruch „vom Verbrechen zum Vergehen gemildert"[1], die Strafe ist Gefängnis.

Wenn das Leben der Mutter durch den Embryo in Gefahr ist, liegt ein gerechtfertigter Notstand vor, so dass das Reichsgericht seit 1927, die medizinische Indikation des Schwangerschaftsabbruch anerkennt (vgl.[1]).

Im Nationalsozialismus blieb die Abtreibung dann straflos, wenn sie das Fortbestehen der „minderwertigen Volksgruppen" verhinderte oder wenn die Frau durch eine Vergewaltigung durch sowjetische Soldaten Schwanger geworden war (vgl.[1]).

Von 1950 bis 1972 galt in der DDR das Gesetz „zur bedingten Freigabe des Schwangerschaftsabbruchs aus medizinischen und eugenischen Gründen"[1]. Durch die immer mehr aufkommenden Frauenbewegungen in der zweiten hälfte des 20.

---

[1] Die freie Enzyklopädie Wikipedia:
http://de.wikipedia.org/wiki/Schwangerschaftsabbruch#Die_Entwicklung_der_
deutschen_Gesetzgebung_zur_Abtreibung. 03.04.07

Jahrhunderts und den Demonstrationen unter dem Motto „Mein Bauch gehört mir",
plädieren viele Menschen für die Abschaffung des § 218 und es kommen mehrer
Entwürfe zur Reform des Strafrechts in den Bundestag, die unter der Regierung Willy
Brandts diskutiert wurden. Nachdem zuvor die Fristenlösung, also dass eine
Abtreibung in den ersten drei Monaten erlaubt ist, in der DDR fruchtete, trat 1974
auch diese Fristenlösung in der BRD in Kraft. Doch kurze Zeit später wandte das
Bundesverfassungsgesetz ein, dass die Fristenlösung gegen das Grundgesetz
verstoßen würde, denn „[d]as sich im Mutterleib entwickelnde Leben steht als
selbständiges Rechtsgut unter dem Schutz der Verfassung auch unter Art. 2 Abs. 2
und Art. 1 Abs. 1 GG, und hat auch Vorrang vor dem Selbstbestimmungsrecht der
Frau."[1]; deshalb wurde die Indikationslösung vorgeschlagen. Hier bleibt ein Abbruch
straffrei, wenn er auf medizinischer-, kriminologischer-, eugenischer- und
Notlagenindikation basiert.

Nach der Wende galt in der alten BRD die Indikationsregelung und in den neuen
Bundesländern die Fristenregelung. 1995 trat dann der Abtreibungskompromiss (§
218a StGB) in Kraft (vgl.[1]).

Heute liegt die Entscheidung ob man eine Schwangerschaft abbrechen will oder
nicht, bei einem selbst. Man benötigt also keine ärztliche Indikation, die den Abbruch
erlaubt. Man muss jedoch folgende Punkte beachten. Die Mutter braucht eine
bescheinigte Beratung, die gesetzlich vorgeschrieben ist und der Abbruch darf erst
nach dem vierten Tag der Beratung durchgeführt werden. Wenn nicht mehr als drei
Monate seit der Empfängnis vergangen sind, darf nur ein Arzt oder eine Ärztin den
Eingriff vornehmen (vgl[2]).

Eben genanntes soll an dieser Stelle der Arbeit genügen, denn ich werde im dritten
Punkt den § 218 genauer StGB vorstellen.

3. Der Abtreibungskompromiss:

Die gesetzliche Lage zu einem Schwangerschaftsabbruch sieht heute prinzipiell so
aus, dass ein Abbruch zwar rechtswidrig, jedoch nicht strafbar ist (vgl. § 218a).

Der § 218 *Schwangerschaftsabbruch* besagt, dass wer eine Schwangerschaft
abbricht, mit einer Freiheitsstrafe bis zu drei Jahren oder mir einer Geldstrafe zu

---

[2] http://www.merian.fr.bw.schule.de/mueller/Schueler/schwangerschaftsabbruch.htm. 03.04.07

rechnen hat. Doch dieser Tatbestand ist nach § 218a *Straflosigkeit des Schwangerschaftsabbruch* nicht verwirklicht, wenn „die Schwangere den Schwangerschaftsabbruch verlangt und dem Arzt durch eine Bescheinigung nach §219 Abs. 2 Satz 2 nachgewiesen hat, dass sie sich mindestens drei Tage vor dem Eingriff hat beraten lassen", wenn „der Schwangerschaftsabbruch von einem Arzt vorgenommen wird" und wenn „seit der Empfängnis nicht mehr als zwölf Wochen vergangen sind" (vgl. § 218a, 1 StGB).

Der Abbruch ist ebenfalls nicht rechtswidrig, wenn „der Abbruch der Schwangerschaft unter Berücksichtigung der gegenwärtigen und zukünftigen Lebensverhältnisse der Schwangeren nach ärztlicher Erkenntnis angezeigt ist, um eine Gefahr für das Leben oder die Gefahr einer schwerwiegenden Beeinträchtigung des körperlichen oder seelischen Gesundheitszustandes der Schwangeren abzuwenden, und die Gefahr nicht auf eine andere für sie zumutbare Weise abgewendet werden kann" (vgl. § 218a, 2 StGB).

„[W]enn nach ärztlicher Erkenntnis an der Schwangeren eine rechtswidrige Tat nach den §§ 176 bis 179 des Strafgesetzbuches begangen worden ist, dringende Gründe für die Annahme sprechen, dass die Schwangerschaft auf der Tat beruht, und seit der Empfängnis nicht mehr als zwölf Wochen vergangen sind", bleibt ein Schwangerschaftsabbruch ebenfalls straffrei (vgl. § 218a, 3 StGB).

Die Schwangere ist nicht nach § 218 strafbar, „wenn der Schwangerschaftsabbruch nach Beratung

(§ 219) von einem Arzt vorgenommen worden ist und seit der Empfängnis nicht mehr als zweiundzwanzig Wochen verstrichen sind.

Das Gericht kann von Strafe nach § 218 absehen, wenn die Schwangere sich zur Zeit des Eingriffs in besonderer Bedrängnis befunden hat" (vgl. § 218a, 4 StGB).

Damit ein Schwangerschaftsabbruch legal durchgeführt werden kann, bedarf es nach § 219 einer *Schwangerschaftskonfliktberatung*. Die Beratungsstelle, die eine vom Sozialministerium des Landes staatliche Anerkennung hat, muss eine Bescheinigung über das Beratungsgespräch ausfüllen, welche dem Arzt vorgelegt werden muss. Zudem muss die Beratungsstelle organisatorisch von der Klinik, in der der Abbruch durchgeführt wird, unabhängig sein (vgl. § 219, 1-3 StGB).

Die Beratung beinhaltet eine „Konfliktklärung hinsichtlich der emotionalen, seelischen, partnerschaftlichen und lebensplanerischen Aspekten von Elternschaft bzw. eines Schwangerschaftsabbruchs", „Informationen über staatliche und andere Sozialleistungen", „Medizinische Aufklärung hinsichtlich eines operativen oder medikamentösen Eingriffs", „Kosten und Finanzierung eines Schwangerschaftsabbruchs" und „Erläuterung der Rechtsgrundlage" (vgl. § 219 StGB).

4. Rechte der Frau vs. Rechte des Ungeborenen:

Frauen haben folgende Rechte, die einen Schwangerschaftsabbruch befürworten: Das Recht auf Leben, denn 2004 starben weltweit 70 000 Frauen an den Folgen illegaler Abtreibungen, weil sie keinen Zugang zu sicheren und medizinischen Behandlungen im legalen Rahmen hatten. Ein weiteres Recht, dass im internationalen Pakt über wirtschaftliche, kulturelle und soziale Rechte, sowie im UNO Übereinkommen zur Beseitigung jeder Form von Diskriminierung der Frau verbrieft ist, ist das Recht auf Gesundheit. Auch die seelische Gesundheit ist hier mit inbegriffen, die durch ungewollte Schwangerschaften gefährdet ist (vgl.[3])

Das dritte Recht der Frau beruht auf der Gewissensfreiheit, dass bei moralischen – ethischen und religiösen kontroversen Fragen eintritt. Jeder Mensch hat das Recht auf freie und eigenverantwortliche Gewissensentscheidungen und moralische Autonomie (vgl. Art.4, Abs.1 GG). Die Schwangere soll also selbst bestimmen können, ob sie das Kind austragen möchte oder nicht. Sie muss es mit sich verantworten können.

Gemäß dem Bundesgericht ist die persönliche Freiheit als zentrales Freiheitsrecht geschützt. Es umfasst sowohl die körperliche Integrität, also das Recht über den eigenen Körper zu bestimmen, als auch das Recht alle Freiheiten zu haben, die elementare Erscheinungen der Persönlichkeitsentfaltung darstellen. In diesem Rahmen ist ebenfalls die Entscheidungsfreiheit geschützt. Einschränkungen in diesem Grundrecht sind nur dann zulässig, wenn sie auf gesetzlichen Grundlagen beruhen, im öffentlichen Interesse liegen oder verhältnismäßig und zweckmäßig sind. (vgl. BGE 113, 1a,1 und Art.2, Abs. 2 GG).

---

[3] 3 Abtreibung - Schwangerschaftsabbruch: Für das Recht auf einen freien Entscheid: http://www.svss- uspda.ch/de/ethik/ethik.htm. 02.12.06

Das letzte der hier aufgeführten Recht der Frau, ist das weltweit anerkannte grundlegende Menschenrecht auf selbstbestimmte Mutterschaft, denn die Rechtsfähigkeit des Menschen beginnt erst mit der Vollendung der Geburt (vgl. § 1 BGB).

Zusammenfassend lässt sich behaupten, dass ein Verbot des Schwangerschaftsabbruchs zur Folge hätte, dass das Gesetz in die körperliche Integrität, in die Persönlichkeit und in die Lebensgestaltung einer Frau eingreifen würde. Man könnte provokant sagen, dass das Gesetz die Frau zu einer Gebärpflicht zwingen würde, die die durch die Verfassung geschützte persönliche Freiheit und die Menschenwürde verletzen würde. Die Frau würde zum Objekt degradiert werden, so dass man zugespitzt sagen könnte, der Gebärzwang vergewaltigt die Frau körperlich und seelisch.

Dem entgegenstehen die Rechte des Ungeborenen; denn es gibt kein höheres Rechtsgut als das Leben selbst. Im Art. 2 GG steht geschrieben, dass jeder das Recht auf Leben und körperliche Unversehrtheit hat. Dies gilt ausdrücklich auch für ungeborene Menschen.

Dem ungeborenen menschlichen Wesen wird Menschenwürde zugesprochen, denn die Rechtsordnung gewährleistet die rechtlichen Vorraussetzungen seiner Entfaltung im sinne eines eigenen Lebensrechtes (vgl. Art.1, Ab. 1 GG).

Ein weiteres Recht des Ungeborenen, ist der rechtliche Schutz gegenüber seiner Mutter.

Die einzelne Zelle enthält den physischen Bauplan für den gesamten Organismus.

Durch die Entstehung des vollständigen Genoms, also dem Erbgut, beginnt das physische Leben eines Menschen. Hier liegt der Ausgangspunkt eines anderen Rechts des Ungeborenen, denn jeder hat das Recht auf Leben und die Freiheit der Person ist unverletzlich (vgl. Art. 2, Abs. 2 GG).

In der Präambel der Konvention über das Recht des Kindes steht geschrieben, dass das Kind einem angemessenen Schutz vor und nach der Geburt bedarf (vgl.[4]).

---

[4] Lebensrecht ungeborener Menschen: www.iavg.org/iavg006.htm. 02.12.06

In Artikel 6 des Unopaktes über bürgerliche und politische Rechte ist festgehalten, dass Jeder das Recht auf Leben besitzt und „Niemand darf willkürlich seines Lebens beraubt werden" [5]

Hier lässt sich deutlich erkennen, dass die Rechte des Kindes nur dann in Kraft treten können, wenn der Gesetzgeber einen Schwangerschaftsabbruch verbietet und der Mutter somit die Pflicht zur Austragung des Kindes auferlegt. Der Embryo hat ein Lebensrecht unabhängig vom Willen der Mutter. Es bleibt jedoch fraglich, welche Lebenserwartungen bzw. -möglichkeiten dieses „nicht gewollte" Lebewesen nach seiner Geburt hat. Man könnte befürchten, dass die Mutter – Kind –Beziehung durch den Zwang zur Geburt gestört ist, sodass das Kind nicht genug Schutz des Lebens sowohl während und als auch nach der Geburt bekommt.

5. Schluss:

Abtreibungen sind also unter den in Punkt 2 genannten Vorrausetzungen straffrei, aber nach wie vor rechtswidrig. Doch laut einer Emnid-Umfrage halten 70 % der Bundesbürger eine Abtreibung für rechtsmäßig. Vielleicht liegt dies daran, dass sich unsere Sprache geändert hat: Wir sprechen nicht mehr vom ungeborenen Kind, sondern vom werdenden Menschen. Der Gesetzgeber verwendet im § 218 das Wort Schwangerschaftsabbruch und spricht nicht von Abtreibung. Durch die Wortwahl sind wir geneigt bereits eine Vorentscheidung zutreffen. Auch durch den Wertewandel wurde die Einstellung zur Abtreibung in ein „positiveres" Licht gerückt, denn durch die zunehmende Bildung bzw. Aufklärung und den Machtverlust von Seiten der Kirche, veränderte sich auch die Sichtweise zu diesem Interessenkonflikt. Aber nichts desto trotz ist der Schutz des Lebens, auch Schutz des Ungeborenen Lebens ein allgemeines Anliegen unserer Gesellschaft. Schutz des Lebens beinhaltet Schutz der Würde, der Lebensqualität, des körperlichen, seelischen sowie den Schutz des sozialen Wohlbefindens.

Frauen haben ein Recht auf ihr selbstbestimmtes Leben und auf die Möglichkeit der Entfaltung ihrer Persönlichkeit. Frauen sind weder das Opfer noch die Täter; Kinder sollten die Möglichkeit und das Recht haben, in bestmöglichen Umständen hineingeboren zu werden.

---

[5] Prof. Dr. A. de Zayas, Recht auf Leben bedeutet auch Schutz des ungeborenen Lebens (Juli 2006): http://www.igfm.de/index.php?id=395. 02.12.06

Die einzige Möglichkeit eine ehrliche Regelung zu haben, ist jene, welche den selbstverantwortlichen Gewissensentscheid der betroffenen Frau respektiert. Leben zu schützen kann nicht heißen, die Frauen unter Strafandrohung zum Gebären zu zwingen, denn dies würde die Zerstörung der Lebensperspektive von Frau und Kind mit sich ziehen. Wir schützen Leben, indem wir bzw. der Staat Voraussetzungen schafft, dass die Mutterschaft bewusst, verantwortlich und mit Freude gelebt werden kann und dass es möglichst wenig ungewollte Schwangerschaften gibt.

Abschließend lässt sich sagen, dass das Bundesverfassungsgericht eine wirksame Kontrolle gegenüber staatlichen Eingriffen in Bürgerrechte ausübt. Dies gilt auch für den sensiblen Bereicht der inneren Sicherheit. Durch den § 218 und § 218 a StGB versucht man die eben genannten Vorraussetzungen zu schaffen, um das Leben in jeglicher Hinsicht zu schützen.

6. Literaturverzeichnis:

Bücher:

Strafgesetzbuch (StGB). (2005/41.Aufl.). DTV-Beck

Bürgerliches Gesetzbuch (BGB). (2007/59. Aufl.) DTV-Beck

Grundgesetzbuch (GG). (1999/2.Aufl.) DTV-Beck

7. Abkürzungsverzeichnis:

StGB: Strafgesetzbuch

GG: Grundgesetzbuch

BGB: Bürgerliches Gesetzbuch

Art.: Artikel

Abs.: Absatz

Thesenblatt

Thema: „Mein Bauch gehört mir" Das Bundesverfassungsgericht und der
Abtreibungskompromiss

1. Historischer Hindergrund:

- 1871: Urfassung des §218 StGB tritt in Kraft
- 1926: Abtreibung wird vom Verbrechen zum Vergehen gemildert
- 1943: Todesstrafe für die Abtreibung, außer, die Abtreibung verhindert die Fortpflanzung „minderwertiger Volksgruppen"
- 1972: DDR-Gesetz: Fristenlösung beim Schwangerschaftsabbruch (die Abtreibung ist innerhalb der ersten 3 Monate erlaubt)
- 1990: In der alten BRD galt die Indikationsregelung
- 1990: Neue Bundesländer: Fristenregelung
- 1992: Fristenregelung mit Beratungspflicht
- 1995: Abtreibungskompromiss: Das Bundesverfassungsgericht entscheidet, dass ein Schwangerschaftsabbruch rechtswidrig ist, aber nicht strafbar (§218a StGB)

2. Abtreibungskompromiss:

>> *Ein Schwangerschaftsabbruch ist rechtswidrig aber nicht strafbar* <<

§ 218 Schwangerschaftsabbruch

(1) Wer eine Schwangerschaft abbricht, wird mit Freiheitsstrafe bis zu drei Jahren oder mit Geldstrafe bestraft.   Handlungen, deren Wirkung vor Abschluss der Einnistung des befruchteten Eies in der Gebärmutter eintritt, gelten nicht als Schwangerschaftsabbruch im Sinne dieses Gesetzes

(2) In besonders schweren Fällen ist die Strafe Freiheitsstrafe von sechs Monaten bis zu fünf Jahren. Ein besonders schwerer Fall liegt in der Regel vor, wenn der Täter

1. gegen den Willen der Schwangeren handelt oder

2. leichtfertig die Gefahr des Todes oder einer schweren Gesundheitsschädigung der Schwangeren verursacht.

(3) Begeht die Schwangere die Tat, so ist die Strafe Freiheitsstrafe bis zu einem Jahr oder Geldstrafe.

(4) Der Versuch ist strafbar. Die Schwangere wird nicht wegen Versuchs bestraft. ne dieses Gesetzes.

§ 218a Straflosigkeit des Schwangerschaftsabbruchs

(1) Der Tatbestand des § 218 ist nicht verwirklicht, wenn

1. die Schwangere den Schwangerschaftsabbruch verlangt und dem Arzt durch eine Bescheinigung nach § 219 Abs. 2 Satz 2 nachgewiesen hat, dass sie sich mindestens drei Tage vor dem Eingriff hat beraten lassen,

2. der Schwangerschaftsabbruch von einem Arzt vorgenommen wird und

3. seit der Empfängnis nicht mehr als zwölf Wochen vergangen sind.

Eine **Schwangerschaftskonfliktberatung** ist in Deutschland nach § 219 StGB erforderlich, damit ein Schwangerschaftsabbruch legal durchgeführt werden kann.

3. Grundrechte der Schwangeren vs. Grundrechte des Ungeborenen:

Grundrechte der Schwangeren:

Abtreibungen sollten nicht strafbar sein, weil...

- Recht auf Leben
- Recht auf Gesundheit
- Recht auf Gewissensfreiheit
- Recht auf persönliche Freiheit

Grundrechte des Ungeborenen:

- Jeder hat das Recht auf Leben und körperliche Unversehrtheit. Das gilt ausdrücklich auch für die ungeborenen Menschen. (Art.2, GGB)

- Dem Ungeborenen menschlichen Wesen wird Menschenwürde zugesprochen (vgl. Art.1, Abst.1GGB)

- Rechtlicher Schutz gebührt dem Ungeborenen auch gegenüber seiner Mutter

- „Jeder hat das Recht auf Leben und körperliche Unversehrtheit. Die Freiheit der Person ist unverletzlich [...]" (Art.2, Abst.2, GG)